UM TERNO DE PÁSSAROS AO SUL

Do Autor
por esta Editora:

As Solas do Sol

Cinco Marias

Como no Céu & Livro de Visitas

O Amor Esquece de Começar

Meu Filho, Minha Filha

Um Terno de Pássaros ao Sul

CARPINEJAR

UM TERNO DE PÁSSAROS AO SUL

Poemas

Edição revista pelo autor

Copyright © 2000, 2007, Fabrício Carpi Nejar

Capa: Silvana Mattievich

Editoração: DFL

2008
Impresso no Brasil
Printed in Brazil

Cip-Brasil. Catalogação na fonte
Sindicato Nacional dos Editores de Livros, RJ

C298t	Carpinejar, 1972-
	  Um terno de pássaros ao sul: poemas/Carpinejar.
	— Ed. rev. pelo autor. — Rio de Janeiro: Bertrand
	Brasil, 2008.
	  96p.
	  ISBN 978-85-286-1313-1
	  1. Poesia brasileira. I. Título.

08-0332	CDD – 869.91 CDU – 821.134.3 (81)-1

Todos os direitos reservados pela:
EDITORA BERTRAND BRASIL LTDA.
Rua Argentina, 171 — 1º andar — São Cristóvão
20921-380 — Rio de Janeiro — RJ
Tel.: (0xx21) 2585-2070 — Fax: (0xx21) 2585-2087

Não é permitida a reprodução total ou parcial desta obra, por quaisquer meios, sem a prévia autorização por escrito da Editora.

Atendemos pelo Reembolso Postal.

> *Alguém no meu lugar foi biografado.*
> Um País o Coração, Carlos Nejar

> *Vine a Comala porque me dijeron que acá vivía mi padre.*
> Pedro Páramo, Juan Rulfo

> *Ninguém mais me levará ao Sul.*
> *Oh, o Sul está cansado de arrastar os mortos.*
> Lamento Per il Sud, Salvatore Quasímodo

> *Que estranho ausentar inauguramos já ao nascer.*
> Assim na Terra, Luiz Sérgio Metz

Volta ao pampa, pai.
Pode deixar o abrigo,
a vala aberta

na chama de uma vela.
Os cães foram desviados da porta,
falta espaço entre a pele e as roupas.

O ouvido é a saída do olvido.
Arremesso o balde ao poço
e estala a corda nas estreitas

paredes do teu corpo.
Não há seiva a puxar do fosso,
a sede lavou todo nome.

Tua respiração
nos escombros,
o pulso disciplinado,

afinado como um piano.
Levanta do fino trato
com os finados.

A chama engana sua altura
ao pavio que a sustenta.
Viajas com o olhar do regresso,

chegas com o olhar da despedida.
O dia recusa a inocência,
tem o gosto de sol nos cabelos.

As rochas encontram
asas na espuma.
Nenhuma despedida recompensa

a fidelidade da casa.
Como tua memória devolverá
as ruas emprestadas

para atalhar a infância?
Qual o eclipse, o calendário,
que vai emborcar

a nostalgia do futuro?
Quem inventará o fogo
sem as feições do criador?

Volta ao pampa, pai,
estamos amor-tecidos
na água tensa

do charco.
Protege as têmporas
com a palma esquerda,

a luz noturna é traiçoeira.
Não nos serve
o encanamento da aurora.

Volta, a farinha
e a carne seca
esfriam na gamela.

O avental da cerração
prepara o café, coando
o canto cerrado do galo.

O moinho exercita
sua cauda com a umidade
que sobeja na palha do fumo.

Quem pesará a saliva
se já tragamos toda a morte?
Os bambus são as conchas

da planura. Mais suave
que o murmúrio do mar,
mais terrível que o silêncio

da mata fechada.
A nudez se esfumaça
nas rugas.

Enfuno a maré
na maciez da lomba,
e congelo as faíscas

em cílios
na contramão do vento.
A coxilha é o céu trocando de traje

no biombo da figueira.
Volta. Deus fora enterrado
em nosso monte,

e o mote do adeus ensaia a sorte
daqueles que acompanham
a velhice dos utensílios.

O esquecimento te manteve
corado e apreensivo,
um animal acuado

na manta do cansaço,
devendo suas mortes
e sabendo que a vida

é escassa para quitá-las.
Estavas fora de ti
quando rocei o teu rosto.

Apanhaste minha mão
como mais uma mosca.
Defendias o posto

dos desafetos invisíveis.
Teus lábios choravam
o que os olhos não viam.

Nasci vingativo,
negando
o que deveria perdoar,

omitindo
o que deveria mencionar,
exagerando para soar falso

o que de verdade sinto.
Falsifiquei-me para que fosses
próximo do real.

Ao escapar de tua figura
me tornei igual.
Tudo está perdido, então

tudo é necessário.
Sou a barca que fica
afiando as águas.

Me ensinaste:
seja leal à vida
traindo a morte.

Como agora ser leal à morte
sem trair a vida?
As horas são amargas,

mangas longas de lilases
no lilás da tempestade.
As horas são amargas

quando o leme
forma a franja nos riachos.
As horas são amargas

aos boiadeiros que confiam
as esporas no lombo
de uma bússola.

As horas são amargas,
derradeiras,
os anjos perderam

a escala dos teus ouvidos.
O destino nos assemelha
mais que o nascimento.

Tuas passadas são curtas,
o perfil, enviesado;
há uma parelha sendo

levada nas costas.
Fermentas o funcho,
o fungo e o estrume

em teu lento arrastar.
Tal caneta inclinada,
reviras a lama,

o sumo do solo avançado,
arrancando-lhe o sol que
pluma interno, caroço

do incêndio da pastagem.
Reorganizas o mundo
para atender tua dor.

Sobrevives.
Te alcancei
com a imaginação.

É uma violência não
te olhar. O mesmo jeito
de menear a cabeça no abraço,

o mesmo vinco
enobrecido pelo viço,
o mesmo arrecife nas olheiras.

Não sei o que procuro,
mas quem me procura.
Volta, pai, memorizei

o que não foi falado.
Lado a lado, caminhamos,
separados pelas andanças

que cada um desenha
em seus pensamentos.
Como sarar as finanças,

conciliar a mulher,
os irmãos?
Caminhamos,

submissos ao vento
que escolhe
as expressões pelo som,

fracassando nos amigos
e nas promessas.
Queimando as calorias

e as camadas do medo.
Os cotovelos se batiam
e volviam tímidos

à casamata da cintura.
Repondo a distância,
corrigia-se o apressado afeto.

Tinha receio em afirmar
o que não estava formulado.
Contentava a pedra

carregando seu peso.
Te compreender
não me libertou.

Só te amei
sendo teu inimigo.
A amizade contigo

é um esforço físico,
inventa-se o caminho
até rarear os pedais da luz.

Até inventar-se no caminhante.
Forço a solidão de estarmos
lado a lado,

tomando coragem
para dizer:
vamos voltar?

Chega de seguir
vendados pelas patas
porosas da neblina.

Descobri tarde:
tua única residência
é distanciar-se da casa.

Desembaraça-me
do excesso
de estar

onde não sou.
O pão dura apenas
um dia em nossa mesa.

O pão fica acordado apenas
um dia em nossa fome.
O pão e o fogo

são do mesmo trigo.
Volta ao pampa, pai.
A sombra está presa

ao pescoço.
O sangue anoitece.
Anoitece

debaixo da pele
para amanhecer
os músculos da terra.

Sou o familiar
que estranha as vivências.
Sou o filho do teu ruído,

os ombros doendo.
Aqui, no rodapé dos potros
e cargas do porto,

a extrema-unção
é concedida logo no parto,
no formigamento dos ossos.

É falível o tempo que
somou os fardos,
os fados que costuraram os tempos.

A palavra é falível
posta em outra boca:
o horizonte deitou

o fuzil dos pássaros.
Volta, pai, que a fundura
não está nos passos,

a tapera dispersa
a caça e o paradeiro
das pegadas.

A queda atalha a subida,
o homem permanece
uma pronúncia inacabada.

Tantas vezes caí
em teu lugar,
que descobri o inferno

ao repetir a salvação.
Tantas vezes caíste
em meu lugar,

que descobriste a salvação
ao repetir o inferno.
Onde piso, a ampulheta

da duna emagrece
e vislumbro, ao fundo da areia,
os antepassados

empilhando os gestos
no agrado do manto,
nunca voltando à tona

das juras e insônias consumidas.
Os caminhos tropeçam
no cadarço das estrelas

e o menino, absorvido
pelo movimento na mó,
acredita que a cidade

é o seu quintal.
O relâmpago abre a porta dos fundos,
buscando o viajável em todo cômodo.

Chove
em tuas raízes.
As venezianas quase

emigram com a rajada.
O raio assobia
e não sussurramos

a rápida melodia.
Os peixes parados
na algema das algas

tudo dariam para atrair
a forte bebida
do naufrágio.

Pouco crescemos
no que aprendemos,
o sabor

de um livro antigo
está em jovem
esquecê-lo.

Eu alterei
a ordem do teu ódio.
Fiz fretes de obras

na estante.
Mudava os títulos
de endereços

em tua biblioteca
e rastreavas, ensandecido,
aquele morto encadernado

que ressuscitou
quando havias enterrado
a leitura,

aquele coração insistente,
deixando uma cova
aberta na coleção.

Sou também um livro
que levantou
dos teus olhos deitados.

Em tudo o que riscavas,
queria um testamento.
Assim recolhia os insetos

de tua matança,
o alfabeto abatido
nas margens.

Folheava os textos,
contornando as pedras
de tuas anotações.

Retraído,
um arquipélago
nas fronteiras azuis.

Desnorteado,
um cão
entre a velocidade

e os carros.
Descia o barranco úmido
de tua letra,

premeditando
os tropeços.
Sublinhavas de caneta,

visceral,
impaciente com o orvalho,
a fúria em devorar as idéias,

marcando estacas
na linha inimiga.
Tua pontuação aguda,

um oceano
na fruta branca.
Pretendias impressionar

o futuro com a precocidade.
A mãe remava
em tua devastação,

percorria os parágrafos a lápis.
O grafite dela, fino,
uma agulha cerzindo

a moldura marfim.
Calma e cordata,
sentava no meio-fio da tinta,

descansando a fogueira
das folhas e grilos.
Cheguei tarde

para a ceia.
Preparava o jantar
com as sobras do almoço.

Lia o que lias,
lia o que a mãe lia.
Era o último a sair da luz.

Quantas batidas
na madeira da porta
serão convertidas

em mensagem?
Como decifrar se o lamento
dos bois corresponde

aos hectares da fuga?
Que porção das pálpebras
os lírios anunciam

o consolo do muro?
Sei que amadureci longe de ti
e isso me absolve

de condenar-te.
Quando vagaste em meia-idade
pela selva escura, contavas

com a escolta de vaga-lumes.
Confundia-se a força da estrada
com o estrado da forca.

A tez metálica,
arredia aos compromissos.
Quando vagaste em meia-idade

pela selva escura,
os pés cediam,
acelerados ao céu.

As ciganas impertinentes
rodeavam a covardia,
lavando em profecias

o azulejo das mãos.
Mas como apagar
o espinho, a mancha

solar da ave?
Suavas a pólvora
de uma bala perdida.

Nenhuma ferida
separava teus pesadelos.
Quando vagaste em meia-idade

pela selva escura, fiquei
a conversar com tuas camisas,
aprumando boinas

que afogavam os cabelos.
Tinha sete anos ao certo
e uma lua vadia disputando

corridas comigo.
Fiquei a entreter
os tecidos alinhados

como um exército em revista,
procurando convencer
uma peça ao menos

a delatar tua deserção.
Quando vagaste em meia-idade
pela selva escura, fiquei

alimentando o aquário
das gravatas.
Pedia privacidade às traças.

Vestia tua camisa,
copiando o ritmo
dos teus traços,

a respiração copiosa,
sendo meu próprio
e definitivo pai.

A loucura exige
disciplina
para não ser vista.

Por que me chamas
se estás completo?
A morte apara os excessos.

Ao declinar dos teus atos,
reverencias o pé de laranjeira,
recolhendo os gomos baldios,

festivo com a barba engomada,
o poncho aberto
tal cesta farta.

Tua risada denuncia
o desespero.
As respostas vieram

antes das perguntas.
Sim, a cicatriz da alvorada
influencia a inclinação

da ramagem úmida.
Sim, desatei a cabeleira da guitarra,
e o bojo do instrumento

evocava a grave pupila
de um homicida.
Sim, o dia do retorno

toma o que é livre
e não restará vôo
de nossa carne,

como se o corpo
houvesse sido imaginado.
Volta ao pampa, pai.

Ao baixar o olhar de um morto
é preciso o pânico de ir junto,
puxar o ronco da cisterna

ao tranco das cordas.
A vida deu o que poderias gastar,
e perdulário gastaste

a minha vida.
Demoras a te recompor
na lã da torneira,

e a feição recua, torneada,
carecendo de quarto
para o avanço do sono.

Há sempre um lençol branco
a principiar o deserto.
Doaste o sangue, as semanas,

doaste os domingos
de teu descanso.
A correspondência parda

acabou queimada por uma das partes,
e remonto a versão da viagem
remota, sem entender quais os motivos

que apressaram as malas,
revolveram as gavetas do casaco.
Será que o jarro silvestre da garganta

estava cheio até as bordas?
Será que as heras
assaltaram teu refúgio,

impacientes com a gripe do relógio?
Será que a janela convidava
a estranhos vales?

Se o cego canta,
aceitamos a escuridão.
O amor não suporta

o entendimento.
Nenhuma névoa, canção,
alivia a culpa.

A mais alta consciência
é a falta dela.
Entraste fundo no livro:

cavo e esmurro as pedras
para te retirar do pó.
De herança, recebi

teu pincel de barba.
Saio à rua para arder.
Quando te cortas,

és meu pai.
Quando me corto,
sou teu sangue.

Envelhecemos
no povoado da faca,
lâminas e lamúrias

por todos os pontos.
Nunca me pediste desculpa.
Nunca pediste perdão

a nenhum homem.
Não serei tua exceção.
Não vais rir depois do orgulho.

Encostar no teu ombro é ferir.
Tuas dores não te explicaram
a doer menos. Elas se repetem,

exaustas. Teu corpo embarcou
em outro corpo, extraviaram
a data de postagem.

Quem te conhece pela fama
não te conhece ainda,
apenas a projeção

do que inventaste em vida.
Viveste para escrever.
Não admites que possa falar

fora do poema e de tua posse.
Duvidas das páginas
brancas, límpidas.

Mas alguma coisa
está guardada na alvura,
será decifrada ao revés

com o relevo da lâmpada.
O pomar não é sempre perfumado.
O pomar foi pântano um dia.

Os bichos são os mesmos,
somos os mesmos,
obrigados a nos adaptar.

Volta ao pampa, pai. A terra
removeu a parede dos sapatos.
Os pregos apertados romperam

o couro, a fumaça do galope.
Pousa tuas sobrancelhas,
freando os olhos do cavalo.

O vinho jamais esquece
de onde veio. Não há quadros
e armários nos aposentos frios.

Involuntária, a cadeira de balanço
segue o prumo do volteio,
inclinando o bosque das bombachas.

A velhice unifica os cheiros pela sala.
O tapete curtido, o vapor
do pano, a cera do piso.

Sou a idade do que respiro.
Sou neste instante a tua idade.
A eternidade de uma ausência.

A guampa de astros reluz no telhado.
Alisas os móveis, a plumagem em repouso.
O milagre se repete na lembrança.

O sino esvoaça a sirene às sete horas,
te assustando novamente.
Só o sino te apavora.

Deus não tem costas para ser traído.
Cá está em casa, para rever
o que nunca mais será teu.

Nossos tangos não foram tristes.
Nossos tangos sequer foram dançados.
Não és um morto caseiro,

mas um morto público, em guerra.
Jardineiro da asma, subirias
as escadas se tivesses fôlego.

Não passeias entre espelhos,
tua imagem não mais comove,
tem como disfarce a própria face.

Enrola-se na cortina, como uma criança.
Os mortos sofrem com a umidade;
os vivos, da unidade.

Não perturbes a paz
dos que se odeiam. Exata, perene,
a cortesia de apontar os defeitos.

Nas pedras de tuas córneas,
o pomo lateja o sumo.
A resistência em germinar.

O pampa é armadura do mar,
só vejo o gatilho da espuma.
O pampa é o repuxo do céu,

só vejo as naus encalhadas.
O pampa é a natureza enervada,
só vejo a praia aterrada do Guaíba.

O pampa é o barro assoviado,
só vejo o limiar do deserto florido.
O pampa é a gastura do berro,

só vejo o lumiar da encruzilhada.
O pampa é a vigilância das figueiras,
só vejo a lonjura crespa das rodovias.

Só vejo o que escondo.
Nossa casa da esquina,
encravada no topo da ladeira,

e esse mal súbito de estar
e não estar no pampa.
Careço de campo

para correr meu sofrimento.
O pampa é o nosso delírio,
fingir que somos do interior

e parecer mais puros.
Solfejo o mate da íris.
A tinta foi espremida com vigor.

Nem Deus sabe onde
começa e termina seu rosto.
Estarei cremado em qualquer

canto fora da tela
e meu corpo sonoro ainda será pampa,
o assobio desenrolando teu mapa.

Paro uma vela em tua prece.
Por mais que uma vela
seja vizinha de outra chama,

por mais que uma vela
seja seguida pela caravela de sopros,
por mais que uma vela

segure a barra do vestido na ascensão,
a vela é sempre solitária,
uma forma da luz ser indigente.

Volta ao pampa, pai.
Do cimo da montaria,
o universo é diferente,

o pulmão do cervo correndo
é o do cavalo pastando.
Do cimo da montaria,

a pressão da mudez
e o peso do mundo equilibram
a balança da sela.

Do cimo da montaria,
o fogo foge das rédeas,
a chuva se ajoelha

quando ele passa.
Herdei tua solidão
e não posso humanizá-la.

Um segredo compreendido
é um segredo morto.
A matilha dos filhos

fareja o sonho inacabado,
perseguindo tua lapela castanha,
o açúcar do linho,

olor de café aquecido.
Agasalho a cadeira
com teu sobretudo.

Tua visita tarda em pousar,
e a carne incha, envernizada,
no fole da friagem.

Meu vazio brilha, lindo, sem arestas.
Desnecessária a tarefa
de apará-lo à próxima espera.

Meu vazio brilha, lindo,
por pedaços. Garrafa quebrada
e convertida em lascas.

Onde deveria beber,
eu me armo.
Dediquei tua ausência

às horas mais alegres;
transbordaria na tristeza.
Foste minha religião,

meu terreno baldio.
Desviei diálogos da mãe,
forjei cenas, colecionei álibis,

criei senhas. Juro que montei
a retaguarda de tua resistência.
De pé na esperança da varanda.

Até os acusadores
precisam de advogado.
Gritava: "Ele não me abandonou".

Gritava: "Não é bem assim".
Mas a justiça não é bondade,
justiça não é carência.

Quando nasceram os filhos,
amaste teus escritos.
Quando nasceram os netos,

amaste teus cachorros.
Quando vamos coincidir?
Carregamos debaixo do braço

o lar amputado, a lenha
de um raio tombado.
Carregamos os anéis das lesmas

na vegetação dos dedos.
Os cabelos ralos insistem
em recomeçar, e o que fica

daquela paisagem é ver-se
a esmo, de passagem.
Exílio é não se reconhecer

nos próprios filhos.
Não inventariaste as crias
da andança, o bafo do celeiro.

Dizes o não na placidez do sim.
Tudo é o inverso do discurso.
Volta ao pampa, pai,

retoma a ânsia de águia,
o posto aéreo da alma
a endurecer a colcha das penas

em escudo medieval do ninho.
As imperfeições nos fortalecem.
O andamento dos violinos

depende das sardas da madeira.
Não o deixava escrever, meu alvoroço
perturbava teu trabalho.

Não me deixaste recordar,
tua indiferença expulsava
meu sossego. Estamos quites.

Mordida essa manhã,
essa reconciliação, essa migalha
de esforço, a lufada do timbre

resistirá sobre a superfície,
nas crinas da enxada, no aroma
amornado da campana.

A provação do homem desterrado
é ser mastigado pela terra.
Largaste a orla do peito à evolução

dos besouros. Arrastamos o sinal
da sina, a mortalha da colina.
A geada bifurca nossos ombros

em ondas. O tempo ousou falar
e saquearam sua fala. O tempo
ousou adivinhar o dom repassado

ao jardim do ventre, o vapor
do diamante. O tempo rumou na carona
de um chapéu e aproximou-se demais

do crepúsculo escavado.
O grito dado na entrada,
grifado fica na partida.

Ninguém fechou tuas pálpebras
nas antigas mortes. Ninguém
acalmou o lado liso da pomba,

o cereal da claridade. Ninguém
enfaixou o perolado punho,
subiu com a âncora do livro.

Ninguém atrasou o rastilho do cometa,
evaporou o aceno na estação.
Entraste clandestino em vários

nascimentos, com as nascentes
ecoando Deus em desalinho.
Os parentes plastificados

na última ceia partiram.
Partido, contaste as pétalas
murchas na escotilha do girassol.

Os avós foram estranhos na amargura.
Teu pai estocava dívidas,
tua mãe armazenava doenças.

Entendo a angústia de sentar à mesa,
estendendo o guardanapo na lisura
do contrato. O meio-dia, o meio-termo,

a genealogia do rude trato,
e a rebentação oceânica entornando
a moeda arenosa da nuca.

Comer calado, silenciar o barulho
dos talheres. Não tremer o cristal,
não encarar a sepultura,

conter a corrente de ar da voz.
De tanto simular a entrega
na clausura das tendas árabes,

o enfarte materno agia espontâneo.
Os comprimidos prateados
viraram braceletes sonâmbulos,

marionetes na camisola febril.
A ausência tomou o corpo,
não havia mais corpo para derrubá-la.

As artérias pediam teu zelo,
agulha e morfina. Os cabelos
cobriam os travesseiros,

cipós profusos, grisalhos e lentos.
Descendiam da flora nevada,
das plantas desenhadas

na minúcia de fósseis.
Alisados, desmoronavam
no jornal dos joelhos.

A imensa noite é a madrasta
de minha avó. A mania de se piorar
para gerar pena e complacência.

Tua mãe apressava adiamentos.
Adoecia por não morrer.
Segurava tua cintura encordoada,

proibia o carretel do pátio.
Permaneceste apartado das pipas,
das bolitas, das corridas de rolimã.

Menino sensível,
fruto sem caroço.
Eternamente em casa.

Romã sufocada pela casca.
Não brincaste contigo,
não brincarias comigo.

Rasa a tua infância, deves
ter sonhado a maior parte dela.
É fácil soldar o sobrenome,

saldar as pendências,
enviando coroa de flores.
Difícil é levar os vultos

no banco de trás, nivelando
o volume da assinatura
no rodopio das rodas.

Não vieste aos enterros dos pais.
Eles esperam teu sal, o adeus,
a licença do fim.

Não há como ser discreto
na pressa, retocar as fotos
com as unhas do desenterro.

O mar demonstra seu amor
em braçadas violentas.
Estremecem cigarras

nas ruas quietas da harpa.
As recordações desaparecem
sem que ouçamos o fragor

do tombo. É funda a memória
ou estamos distantes?
Volta ao pampa, pai.

O médico se enganou
com a marcha do pulso.
Calculou o abismo,

não o impulso do salto.
Padecias de algo incurável,
duro de se recitar na receita

cursiva, que cobrava
atenção redobrada
na leitura dos remédios.

Tua fobia destoava
do solaço das videiras.
Já lapidavas

o prefixo da lápide.
Escondido no porão,
no túnel, no calabouço,

no assoalho, nas frinchas
carecedoras de bulas.
Até emergir

o epitáfio perfeito
da tosse dos rascunhos.
Eras mais mórbido

do que a morte —
ela não aceitou disputar
o colo da árvore

com outro corvo.
Lembro como se fosse amanhã.
Quando despontava

um verso de madrugada,
saías mansamente do leito,
enrolado na maldade

macia do lençol.
Lembro como se fosse amanhã.
Todos descansavam,

menos eu. Deparei-me
com um pai desconhecido,
um pai primitivo,

alta água do corredor.
Discursavas emparedado,
chamando as chagas.

Ilhas submergiam
nas estopas sucessivas da enseada.
Teus restos, teus resmungos.

O pijama largo, envelope de musgo.
Teu tronco soluçava
aos coices da enchente.

Tanto remorso em escassa boca,
teu nome não te consolava.
A estatura de ferro reduzida

aos murmúrios de um feto.
Obedecias ao instinto
de ressuscitar, cintilando

ondas breves, ressaca brava.
Trançavas com mistério
versículos e frases,

as cordas de tua embarcação
no interior do frasco.
Transparente do combate,

viril em sua fragilidade,
recolhido no exílio
de estar — enfim — pleno de si.

Nada, nada te faria melhor,
a brisa desanimava a poeira
e as palavras eram desprezadas

como confidentes. Tresnoitado,
precário, os ouvidos colados
na rocha, gorjeavas saídas

aos veios subterrâneos.
Sozinho no terror,
enredado na teia.

Tua dor é uma cama de solteiro.
Fechaste as malas
com o conteúdo maior

que a extensão do fecho,
e a alça arrebentou no trajeto.
Tuas roupas espalhadas

são as poças da estrada.
Volta ao pampa, pai.
Não há vaidade que devolva

o valor, reponha os véus
e o fervor da estampa.
Os dentes se acomodam num copo,

o rio é nossa língua.
Basta de invocar a ira
do Antigo Testamento,

devolvendo pragas e ameaças.
Quando encontrar o que perdeste,
não interrompas a busca.

Encontrar o que não se procura
é o mais raro achado.
Dar-se confirma o dano

de estar em toda parte
e nenhuma região do rosto.
Dar-se no desvario,

arfando agora
o ardor longínquo.
Dar-se no desconcerto,

esculpindo falhas a ascender
na fornalha dos pensamentos.
A lembrança é leve

na beleza que se vai em vão,
a rampa das tulipas
levitando as sandálias.

A lembrança é leve
na beleza que se vai em vão,
o barro descobriu

teu bairro pelo sotaque.
Volta ao pampa, pai.
Menti ganhando tempo

para amadurecer a verdade.

O favo não se faz de favor,

a fragrância do mel

deriva das abelhas flagradas

nos espinhos da cólera.

O pampa executa dando liberdade.

As dobras do poente testam

sementes nas cavas da testa.

De gente que cresce

riscando o bordado

nas trancas do costume.

De gente que cresce

ajuntando os pertences usados,
repondo o óleo das juntas.
Os documentos suspiram,

apesar de vencidos.
Volta sem volver atrás,
seta que desafia a linha reta,

fendendo a terra
ofendida nas frestas
da amorosa guia.

Tua sombra sonda o solo
e a postura assombra,
recurvada, o veleiro

do verde esmaecido.
Observa os joelhos
femininos do barco,

são duas avenidas
desembocando na praça.
Crescemos para nos separar;

separados, nos alcançamos.
Plantaremos surdos
a colher do vôo,

esfarelando a face
no giro certo.
Desespera o norte

da tua morte,
a bagagem são as espirais
na chaminé da estância.

A falência do real
dividiu para sempre
a madrugada.

Nomeia as coisas
com o lustro
das cigarras,

o lustre da água.
Nomeia as coisas,
soltando

o pavio da coluna
das garras do retrato.
Meus irmãos no teu encalço

soletram o calor
dos cálices da pia.
Fugiram da poesia,

como se ela o tivesse conduzido
a um paradeiro sem endereço,
hospital sem visitas.

Não ergui a lona,
nem cuspi o fogo engolido.
Como uma lava,

petrificaste a curva
de tua fome.
Eras tu, o distraído

na lareira das ruínas.
Foste um homem
como os outros,

como nenhum homem foi.
O inferno trocou a fechadura:
a chave dos insetos

no lume da chegada.
O presépio está montado.
Os objetos latem na sesta.

Meço bem em não medir,
a desmedida conserva a casa.
O suspensório impede

o transpassar das asas.
Acolho a torrente da voz.
Teu sangue bate

em meu sangue,
e isso é o que importa.
Velaram a gaiola

com o lenço preto.
Taparam a fogueira
com a lua.

Isolaram os estilhaços
da amêndoa.
Moramos no vento,

e isso é o que importa.
Esvaziaram os sulcos das árvores
e o suco da grama.

Sugaram as imagens do espelho.
O rio está encilhado,
e isso é o que importa.

Cortaram a ração canina.
Desperdiçaram o telegrama
das formigas.

Cercaram o relógio
com o esteio do pêndulo.
A luz letrada

moldou nosso encontro,
e isso é o que importa.
Estancaram o fio do telefone.

Ciscaram os pássaros da aurora.
Arrancaram o talo das viseiras.
As labaredas

soltam suas tranças,
e isso é o que importa.
Nossa coerência

é estar mudando.
A chama desmaiou
e a levamos nos braços.

Tivemos a coragem
de superar o começo,
não transformar a filiação

em carta de guerra,
imitação da treva.
O percurso tem sentido

quando desistimos.
Do resumo das veredas,
reverdece o sumo

de ter colhido
o sabor da vertente.
Nossa amizade

é mais um gole da gaita,
um golpe no tambor.
Nossa amizade

é estar névoas adiante
do que somos.
Só é mortal

o que não vimos.
Despeço-me do passado
como um cavalo sem dono.

Não devo conselhos,
não devo a franqueza
das pausas,

a serenidade dos escolhos;
não devo a força
de minha fraqueza.

Mergulho os calcanhares
a empurrar
a barca do ventre,

e circundas o vazio,
os ciclos do som,
conciliado com a verdade,

pai maduro
de minha escolha,
navegando

a paternidade das águas.
Estamos amor-talhados,
contemporâneos das cinzas

que anulam a distância.
As praias caminham
no chinelo das gaivotas,

aventura de impregnar
o coral e a estrela-do-mar
com os peixes apeados da rede.

Antes de dormir,
o soluço dos pés.
Antes de dormir.

Volta ao pai, pampa.

Impresso no Brasil pelo
Sistema Cameron da Divisão Gráfica da
DISTRIBUIDORA RECORD DE SERVIÇOS DE IMPRENSA S.A.
Rua Argentina 171 – Rio de Janeiro, RJ – 20921-380 – Tel.: 2585-2000